Erik von Senftenberg
Unternehmensethiker aus der Lausitz, lebt in Berlin
www.grawert-may.de

Umschlaggestaltung: Cornelia Agel,
unter Verwendung eines Fotos von Steffen Rasche

Herstellung und Verlag: BoD - Books on Demand, Norderstedt 2014

ISBN 978-3-7357-2358-1

MARGA
Senftenbergs Hafenbraut

Zur Wiedereröffnung
der Waschkaue

Mit
26 Abbildungen
in der Mitte des Textes

Inhalt

Unseriöse und seriöse Bewerber 5
Hymne auf den Hafen 7
Die Braut, die sich nicht traut 9
Vorbereitungen zur Hochzeit 11
Brautkammern im Überfluss 13
Brautbilder 16
Das potentielle Aufgebot 30
Zwei Brautjungfern als gute Feen 35
Weitere Brautwerber erwünscht 37
Fortuna: Die Glücksgöttin als Werbegag 39
LMBV und *Neue Bühne* als weiße Ritter 42

Die studentischen Marga-Projekte 44
Liste der Nutzungsideen 44
Aus der Angebotsliste/A. Thumsch 44
Spendenkonto 45

Unseriöse und seriöse Bewerber

Wie aus heiterem Himmel kam vor Jahren der westdeutsche Geschäftsmann *** nach Brieske. Ein junger Senftenberger Musensohn hatte es verstanden, ihn für die beiden denkmalgeschützten Bergwerks-Bauten, die ehemalige Kraftzentrale und das Zechenhaus, zu interessieren (Abb. 1-6). Sie stehen im Industriepark mit dem malerischen Namen Marga, der ersten deutschen Gartenstadt gleichen Namens. Nach ihr wurde Anfang des letzten Jahrhunderts der dortige Tagebau benannt.

Die Ankunft des Mannes wurde wie eine Art Advent gefeiert. Es sah alles danach aus, als hätte Marga endlich den Mäzen gefunden, um die betreffenden Gebäude wieder mit Leben zu erfüllen. Andere Interessierte kamen hinzu, darunter eine Bau-Ingenieurin und ein Architekt. Sie entwarfen bereits Pläne, wie am besten zu verfahren sei. Selbst die zuständige Denkmalschützerin wurde zu Rate gezogen, um ihr Urteil in die Planungen mit einzubeziehen. Zum Schluss, als alles unter Dach und Fach schien, gab der Mäzen ein opulentes Essen. Man war der besten Stimmung, ja begeistert. Alle dachten, jetzt werde es losgehen. Da verschwand er so plötzlich, wie er gekommen war – als wäre es ein Spuk gewesen.

Die anschließende Enttäuschung ließ alle weiteren Versuche, es mit Marga aufzunehmen, jahrelang erlahmen. Bis die *Neue Bühne Senftenberg* sich der Sache unter künstlerischen Aspekten annahm. Für das Glückauf-Fest des ‚*Jedermann*' von *Hofmannsthal* suchte der damals amtierende Intendant *Sewan Latchinian* – unter der Leitung seines Technischen Direktors *Axel Tonn* – Kontakt zur *Lausitzer und Mitteldeutschen Bergbauverwaltung (LMBV)*, der Eigentümerin der beiden Bauten. Doch die Idee, im großen Saal der Kraftzentrale ein Amphitheater einzurichten, scheiterte an der mangelnden Tragfähigkeit des Bodens und einer bröckelnden Betondecke.

Das über die Grenzen der Region hinaus erfolgreiche Theater sorgte mit seinen Inszenierungen jedes Jahr aufs Neue für Furore und zog Besucher aus der gesamten Bundesrepublik in seinen Bann. Es hätte Marga gewiss zu einem mächtigen Renommee verholfen und Investoren mit Interesse an der Revitalisierung beider Bauten nach Brieske gebracht. Der flüchtige Westdeutsche wäre wahrscheinlich schnell vergessen und durch geduldigere Geschäftsleute ersetzt worden. Leider ist nichts daraus geworden. Die Kraftzentrale bleibt ohne Sanierung ihrer Innenräume bis auf weiteres für Interessenten geschlossen. Deshalb konzentriert sich der Versuch der Wiederbelebung, der nunmehr unternommen wird, zunächst nur auf das Zechenhaus.

Hymne auf den Hafen

Senftenberg hat durch seinen Hafen so gewonnen, dass man geradezu von einem Schönheitssprung sprechen möchte (Abb. 7). Schon vorher bot der Stadtkern mit Markt und Kirchplatz einen überaus hübschen Anblick. Dazu das Schloss mit dem Schlosspark. Doch die Verbindung zum Wasser fehlte. Das wurde seit langem beklagt.

Der Hafen hat alles verändert. Vom Schlosspark wird man zum See geführt, vom See wieder zurück in die Stadt – die Anbindung gilt zu Recht als gelungen. Und der Hafen selbst gibt dem Ufer einen nahezu mediterranen Anstrich. Mit der Kaianlage und den von Booten belegten Stegen, die samt der markanten Brücke in den See ragen, ist er zu einem Prunkstück geworden, mit dem Senftenberg in Zukunft punkten kann. Besonders der Tourismus als eine der zunehmend wichtigen Einkunftsquellen der Kommune wird davon profitieren. Senftenberg ist tatsächlich eine Seestadt geworden.

Kein Spuk, ein Traum! Würde *Otto Rindt*, der die Idee zum See geboren hatte, den Hafen heute sehen, wäre er entzückt. Das Areal passt besser als zuvor zum großräumig angelegten Pückler-Park, der sich von Cottbus und Branitz über die Lausitzer Seenplatte bis nach Muskau erstreckt. Der ganze Landstrich verwandelt sich langsam in ein englisches Gartengelände. Ein Traum wird wahr.

Dieser Traum birgt jedoch einen anderen, der untergegangen ist. Man sieht dem See nicht an, dass er über

Jahrzehnte eine große Grube war, aus der das schwarze Gold gewonnen wurde. Der Braunkohletagebau hatte Senftenberg seit Beginn des vergangenen Jahrhunderts einen wenn auch bescheidenen Wohlstand beschert. Mit der deutschen Einigung kam er erstmal zum Stillstand. Das Wasser verdeckt diese besondere Industriegeschichte, es hat sie unter sich versenkt, macht sie unsichtbar. Erst recht der gelungene Hafen! Er gaukelt dem Betrachter vor, es gäbe an diesem Ort nur einen Zeitpfeil in die Zukunft zu verfolgen.

So sehr die Senftenberger um diese Zukunft zu beneiden sind, so wenig sollte doch vergessen werden, dass zu einer stabilen Entwicklung auch der Zeitpfeil in die entgegengesetzte Richtung gehört. Orte ohne Erinnerung verzehren irgendwann ihre geschichtliche Substanz. Wie Menschen, die ihr Gedächtnis verlieren. Bei allem Lob auf den Hafen muss deshalb der goldene Grund, auf dem er ruht, stets gegenwärtig bleiben. Der See ist schließlich keine Folgeerscheinung der Eiszeit wie andere, natürlich entstandene Gewässer. Er wurde künstlich angelegt, ist sogar der größte künstlich angelegte See Europas – ein Kunstprodukt mit stolzer Vergangenheit.

Die Braut, die sich nicht traut

Wie hießen sie nicht alle, die längst verschollenen Tagebaue, die Senftenberg umgaben! Manche hatten klingende Vornamen, sogar doppelte wie Anna-Mathilde und Eva-Renate. Andere mussten mit nur einem auskommen und klangen so vertraut wie die damals gängigen Erika und Ilse. Oder eben nicht ganz so vertraut wie unsere Marga – eine Koseform von Margarete. Es handelte sich um die Tochter des Kommerzialrates *Georg Gottlob Schumann*, der „ab 1906 Generaldirektor der Ilse AG" geworden war. So lesen wir es in *Paulhans Peters* einschlägiger Studie. Wir lesen auch, dass Marga auf Lateinisch „Perle" heißt. Der Autor teilt uns zudem mit, dass Schumanns Tochter früh verstarb. Wohl deshalb hat der Generaldirektor den Tagebau, der 1908 die Produktion in der Brikettfabrik aufnahm, nach ihr benannt. Wahrscheinlich, um ihrer zärtlich zu gedenken.

Etwas von dieser Zärtlichkeit könnte dem Gebiet um die beiden Bauten wieder gut tun. Brikettfabrik I ist wie Brikettfabrik II, die später dazukam, inzwischen verschwunden. Ebenso die dazugehörigen Transportanlagen. Vom Schornstein zu schweigen. Er hatte eine erhebliche Signalwirkung für die Besucher aus der Ferne. Dafür kommt der damals versteckten Perle um so größere Bedeutung zu. Mit ihren markanten beiden Turmgebäuden, wahren Industrie-Kathedralen (*Wolfgang Joswig*), ist sie zwar von weitem nicht mehr zu erkennen, bietet aber ein bezauberndes Bild, wenn man sich ihr auf Senftenbergs neuer

Umgehungsstraße nähert. Der Kahlschlag, der die Gesamtanlage traf, mag denen, die früher dort gearbeitet haben, noch heute auf der Seele liegen, doch er hebt die übriggebliebenen beiden Bauten glänzend heraus. Sie haben etwas Unberührtes. Still liegen sie da, aus der alten Rolle gefallen, als trauten sie sich nicht, zu ihrer stolzen Vergangenheit zu stehen. Solange sie keine neue Rolle bekommen, wird sich daran auch nichts ändern.

Dabei symbolisieren die beiden Kathedralen die Kehrseite Senftenbergs. Sogar im buchstäblichen Sinn. Sie kehren nach oben, was der See unter sich gekehrt hat: den vergangenen Tagebau. Noch selten ist jedoch die Kehrseite einer Stadt so reizvoll gewesen wie diese. Es sind zwei zu Anfang des 20. Jahrhunderts errichtete Jugendstil-Juwelen. Zumindest die wie eine Kirche mit Apsis daherkommende Kraftzentrale gehört zu einer Reihe beeindruckender industrieller Backsteingebäude, die von fern an so berühmte Vorgänger wie die Moschee von *Ludwig Persius* in Potsdam erinnern. Auch sie ein Maschinenhaus. Allerdings trieb es keine Brikettfabriken an, sondern die Pumpen für die Fontänen von Sanssouci. Und sie war aus gelbem Backstein, nicht aus rotem wie in Marga.

Wenn man den Gedanken des unter Wasser gekehrten Tagebaus zu Ende denkt, dann gehören die beiden übriggebliebenen Industriebauten und die neuen Hafengebäude unbedingt zusammen. Sie gehören zueinander wie Vergangenheit und Gegenwart. Das hat etwas von einem die Zeit überbrückenden bräutlichen Verhältnis. Nur dass die Braut für den Moment noch stark hinter dem Bräutigam zurücksteht. Sie so stolz zu machen, so schön herauszuputzen wie ihn, das wäre nicht nur eine lohnende Aufgabe, es würde beiden dienlich sein und den Nutzen beider für die Stadt erhöhen.

Vorbereitungen zur Hochzeit

Was zur Zeit in den genannten Bauten geschieht, ist ein symbolischer Beginn. Er möchte nach außen demonstrieren, dass Marga nicht vergessen ist. Um im Bild zu bleiben: Es wird am Stoff ihres Brautkleides gewebt.

So hat die LMBV dankenswerterweise für den elektrischen Anschluss in beiden Gebäuden gesorgt, also auch in der Kraftzentrale, die wegen der erwähnten Baumängel im Moment nicht nutzbar ist. Durch die sichergestellte Stromversorgung wird es möglich, wieder etwas in Bewegung zu bringen, und seien es nur die Zeiger der Uhr hoch oben am Turm des Zechenhauses. Von allen vier Seiten sind sie zu sehen. Aber sie standen still. Von Zifferblättern kaum eine Spur. Keiner konnte sehen, wie viel Uhr es ist, schon gar nicht hören, welche Stunde geschlagen hatte. Die beiden Glocken, von Schlaghämmern der Uhr zum Klingen gebracht, wurden bereits im Sommer 2004 dem Turm entnommen und der *Neuen Bühne* in einer feierlichen Zeremonie übergeben. Dort läuten sie seitdem auf dem Dach die Glückauf-Feste ein.

Dass sie dort läuten, hat seinen guten Grund. Wenn es einen Ort gibt, der dafür geeignet ist, dann den dieser Bühne, die sich in der DDR als Theater der Bergarbeiter einen Namen gemacht hat. So kann es nun vom Dach aus an die alte Tradition erinnern. Nach der damals getroffenen Vereinbarung mit der *LMBV* dürfen die beiden Glocken „bis zur Wiedereröffnung ihres ursprünglichen Standortes" bei der *Neuen Bühne* verbleiben (Abb. 8). Danach müssten sie an ihren Ursprungsort zurückkehren.

Mit Fragen der Rückkehr ist es allerdings so eine Sache. Über die letzten zehn Jahre hinweg haben diese beiden gusseisernen Klangkörper ihren Dienst tadellos verrichtet und die Besucher ins Theater gelockt. Fast wird dadurch ein Gewohnheitsrecht geschaffen. Darauf könnten die Verantwortlichen der *Neuen Bühne* ohne weiteres bestehen. Um so mehr, als die kleinere der beiden Glocken in der Zwischenzeit ersetzt werden musste, weil sie Risse bekommen hatte. Die Kosten trug der theatereigene Förderverein. Diese Glocke ist also schon ins Eigentum der Bühne übergegangen. Eine Rückforderung, wann auch immer, wäre problematisch. Und da man die Besucher, die sich bisher vom Klang der beiden Glocken zum Gang ins Theater verführen ließen, nicht verprellen will, sollte eigentlich auf absehbare Zeit auch die größere Glocke das Dach der *Neuen Bühne* zieren dürfen.

Unterdessen hat jedoch, erneut initiiert vom Technischen Direktor Tonn, der zukünftige Intendant der Neuen Bühne, Manuel Soubeyrand, der Rückkehr der beiden Glocken an ihren alten Standort zugestimmt. Das Theater wird, wiederum unterstützt vom eigenen Förderverein, zwei neue Glocken gießen lassen, um seinen Zuschauern weiterhin den beglückenden Reiz eines klangvollen Willkommensgrußes zu entbieten. Gab es vorher nur zwei Glocken, gibt es nun gleich vier, verteilt auf zwei unterschiedliche Gebäude. Sie mögen zwar weit voneinander entfernt sein, gehören aber aus kulturgeschichtlichen Gründen zusammen. Welch wundersame Vermehrung eines Klangkörpers! Er bindet die auseinanderliegenden Stadtteile klanglich enger aneinander und trägt entscheidend dazu bei, den Weg bis zur angestrebten Hochzeit zu verkürzen.

Brautkammern im Überfluss

Die Bezeichnung „Zechenhaus" ist heute nur noch Eingeweihten ein Begriff. Neu-Senftenberger wie der Autor dieser Zeilen haben sich daran gewöhnt, von Waschkaue oder Badehaus zu sprechen. Einem informativen Artikel des Heimatforschers *Werner Riska* ist zu entnehmen, dass dieses Gebäude mehrere Funktionen erfüllte. „Waschkaue, das war nur ein kleiner, aber sozial bedeutungsvoller Teil des Hauses." ‚Sozial bedeutungsvoll', das ist gut gesagt. Es ging um die Reinigung der Bergleute nach getaner Arbeit. Dort, im westlichen Trakt, lagen die Duschräume und der berühmte Kettensaal, wo die Seifenbehälter der Männer tatsächlich an Ketten nach oben gezogen wurden. Man kann sie heute noch bewundern.

„Das Zechenhaus", so *Werner Riska* weiter, „(…) war das Herz des Betriebes, die Zentrale, die Verwaltung." Außerdem soll es „das größte und beste Zechenhaus unter allen Braunkohlebetrieben in Deutschland" gewesen sein. So wird es jedenfalls in dem vom Heimatforscher zitierten ‚*Handbuch für den deutschen Braunkohlenbergbau*' von 1915 beschrieben. Damals gehörten, wie heute von neuem, die westdeutschen Schürfgebiete dazu. Von dort scheint auch der Name zu stammen. „Zeche – so nannten früher die Bergleute im Ruhrgebiet, die sich zu Fördergemeinschaften zur Gewinnung der Steinkohle zusammenschlossen, den Beitrag, den jeder Bergmann für den gemeinsamen Betrieb einzahlen musste." Da wurde also richtig gezecht. Es gab sogar einen eigenen Raum dafür. „Der Zechensaal war ursprünglich ein Versammlungs- und Feier- bzw. Festraum. Später wurde er geteilt, zogen Sportler und Vereine dort ein. Auch wurden immer mehr Geschäftsräume gebraucht."

Erst nach der Lektüre des Beitrags von *Werner Riska* wird einem klar, warum das Zechenhaus nicht länger so bezeichnet wird. An die Zeche erinnert nichts mehr, weil der dafür geeignete Saal verschwunden ist. Schon damals. Der erste Eindruck, den der heutige Besucher des Hauses gewinnt, ist der einer Kleinteiligkeit, jedenfalls im östlichen Flügel (Abb. 10-12). Die Waschräume auf der gegenüberliegenden Seite scheinen dagegen ihre frühere Größe weitgehend behalten zu haben. Und die Eingangshalle. Sie lässt heute noch den alten Glanz eines großen, bogenüberwölbten Entrées erahnen. Allein mit ihr ließe sich schon etwas anfangen (Abb. 9).

Nicht nur der Zechensaal wurde geteilt. Die vielfältigen Funktionen, die in dem Haus vereinigt wurden, brauchten ihren Raum. Von der Eingangshalle „gleich rechts", so wieder *Riska*, „(betrat man) de(n) Bereich des Werkdirektors. Dann waren Kasse und Buchhaltung von großer Bedeutung. Für die Produktion waren Bereiche erforderlich wie Markscheiderei, Hauptmechanik, medizinisches Bad und andere (…). Im Keller unter dem Zechenhaus befanden sich das Hauptmagazin und das Ersatzteillager."

Räume über Räume! Kammern, in denen seriöse Brautwerber sich einnisten könnten, um ihrer Angebeteten zu huldigen. Und sicher auch sich selbst. Werbung um Marga muss sich schließlich lohnen. Die Abb. 10-12 gewähren einen ersten Einblick in die Raumvielfalt. Wir verdanken sie den Anregungen von 25 Architekturstudenten der *HafenCity Universität Hamburg*. Die künftigen Architekten präsentierten 2006 im Rathaus von Senftenberg unter der Leitung ihres Professors *Bernd Kritzmann* inspirierende Entwürfe zu den beiden Industriekathedralen.

Brautbilder

Abb. 1: Die beiden Kathedralen im Winter. © Archiv LMBV

Abb. 2: Die Waschkaue von vorne. © Archiv LMBV

Abb. 3: Waschkaue von der Seite. Foto: Steffen Rasche

Abb. 4: Patin Michelle vor dem Tor zur Waschkaue. Foto: Steffen Rasche

Abb. 5: Kraftzentrale anlässlich einer Discoveranstaltung im Sommer 2003.
© Archiv LMBV

Abb. 6: Patin Vivien vor dem Tor zur Kraftzentrale. Foto: Steffen Rasche

Abb. 7: Der Hafen. Foto: Steffen Rasche

Abb. 8: Das Schild an der Neuen Bühne. Foto: Peter Brähmig

Abb. 9: Eingangshalle Waschkaue. © Archiv LMBV

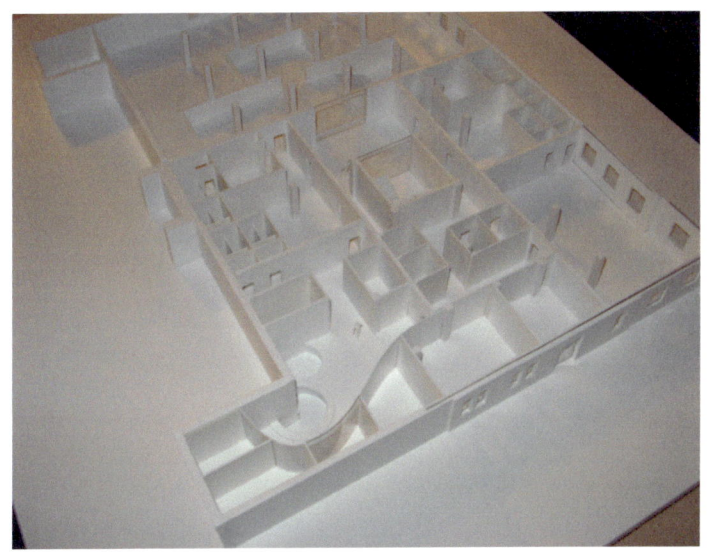

Abb. 10: Säle im Badehaus. © Archiv LMBV

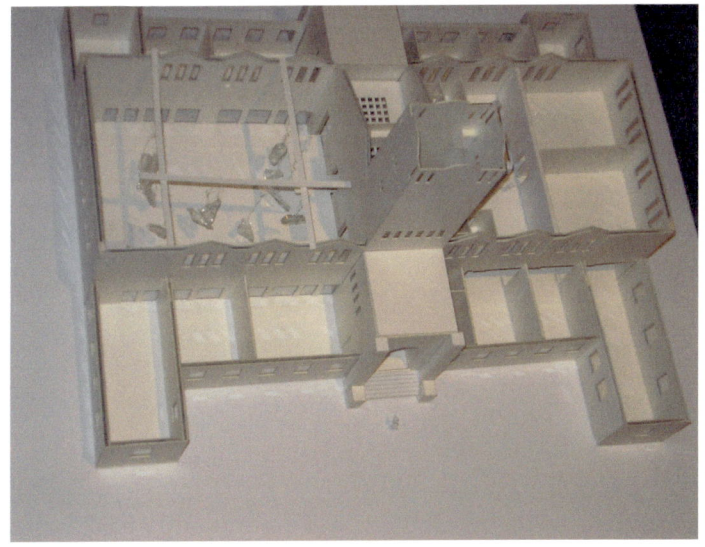

Abb. 11: Säle im Badehaus. © Archiv LMBV

Abb. 12: Säle im Badehaus, oben und Kraftzentrale. © Archiv LMBV

Abb. 13: Piazza da Dresda/Dresdner Torplatz. © Archiv LMBV

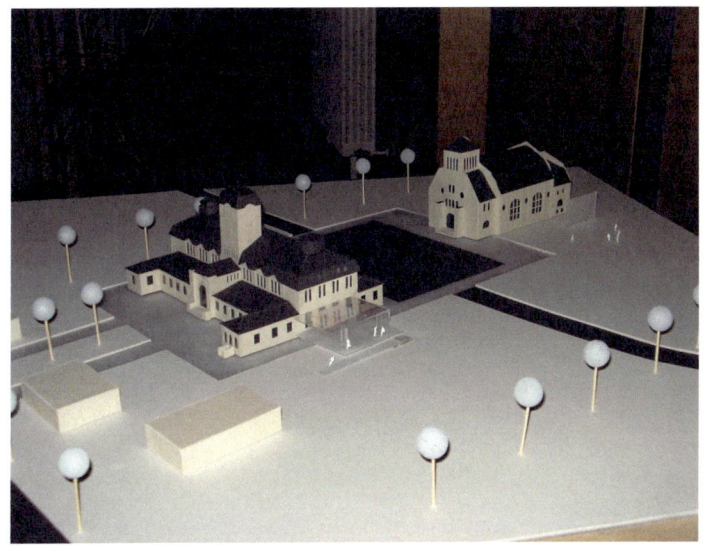

Abb. 14: Piazza da Dresda/Dresdner Torplatz. © Archiv LMBV

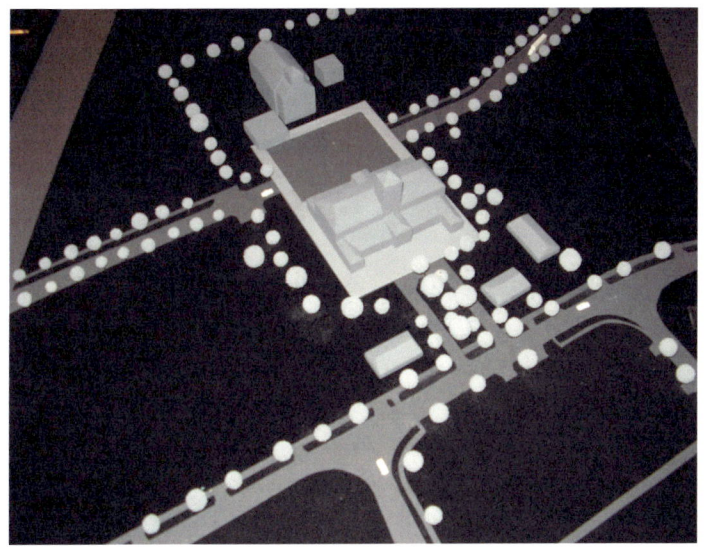

Abb. 15: Piazza da Dresda/Dresdner Torplatz. © Archiv LMBV

Abb. 16: Grundriss des Hamburger Vorschlags. © Archiv LMBV

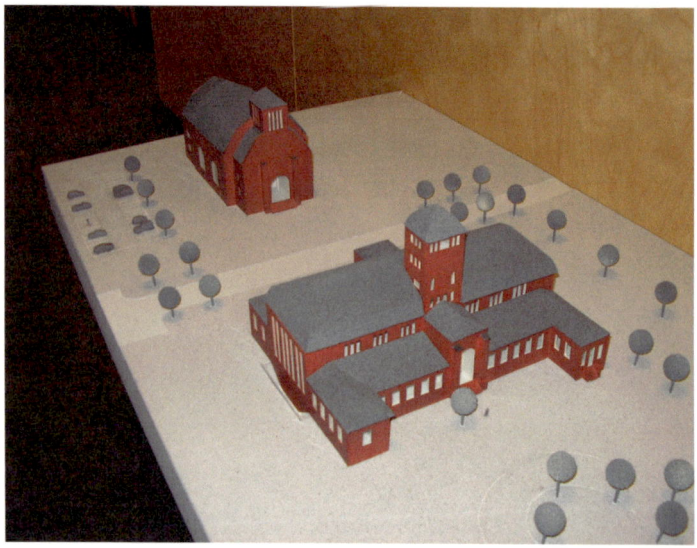

Abb. 17: Beide Gebäude im Hamburger Modell. © Archiv LMBV

Abb. 18: Festsaal der restaurierten Kaiserkrone. Foto: Steffen Rasche

Abb. 19: Festsaal am Abend. Foto: Steffen Rasche

Abb. 20: Angestrahlte Kathedralen. © Holger Schmidt/Thomas Fischer

Abb. 21: Angestrahlte Torbauten vom Eingang der Gartenstadt. © Holger Schmidt/Thomas Fischer

Abb. 22: Bildergalerie am Badehaus. © Holger Schmidt/Thomas Fischer

Abb. 23: Vermutlich originales Fortunaportal, stilisert durch Andreas Hummel und Tobias Knobelsdorf

Abb. 24: Vorläufige Skizze des Potsdamer Glockenstuhls nach einem Entwurf von Hummel/Knobelsdorf

Abb. 25

Abb. 26

Das potentielle Aufgebot

Werner Riska kann sich im Zechenhaus ein Bergbau- und Gartenstadt-Museum denken. Ebenso eine Kunstgalerie, oder auch eine Übungs- und Wettkampfstätte für Sport und Kultur. Im Grunde hält er dort Veranstaltungen jeglicher Art für möglich. Das lässt einen weiten Spielraum und verhindert nichts. Professor *Helmut Schuster* von der *BTU Cottbus-Senftenberg* regte demgegenüber den Gedanken an, ob sich das Haus nicht für ein Seniorenheim eignen würde – eine Idee, die ihren eigenen Reiz besitzt. Es geht in dem Areal relativ ruhig zu, was manchen Älteren gewiss gefiele. Vielleicht fühlten sie sich dort aber auch zu einsam. Und unsere Braut, die sich für den noch jungen Bräutigam zurecht macht, sähe sich wohl lieber von jugendfrischen Günstlingen umgeben.

Diese Klientel scheint der Dresdener Bootsbauer *Jörg Schaaf* mit seinem Vorschlag einer Aufstellung von Kletterwänden im Sinn zu haben. Das zieht junge sportive Leute an. Schaaf kann sich daneben Büros und Gastronomie in schicken Kombüsen vorstellen. Platz hätten sie in der Waschkaue allemal. Vielleicht kann der Dresdener zu passender Gelegenheit auch mal einen seiner in eigener Manufaktur gefertigten Luxuskähne ausstellen. Ihr elegantes, preisverdächtiges Design würde ganz sicher ein mondänes Publikum nach Marga locken. Was will man mehr!

Jene bereits erwähnten Studenten aus Hamburg warten mit einem großen Wurf auf. Sie haben von vornherein beide Bauten im Blick und verbinden die Fläche zwischen ihnen zu einer ansprechenden Piazza. (Abb. 13-17) Da die Ausfallstraße nach Dresden mitten hindurch geht, könnte man sie *Piazza di Dresda* nennen, was den mediterranen Charakter des neuen Hafens im Namen aufgreifen würde. Wahlweise wäre auch *Dresdner Torplatz* denkbar. Hauptsache, er lädt zum Verweilen zwischen den zwei Kathedralen ein. Neben der möglichen Einrichtung einer Kurklinik sehen die jungen Entwerfer im Badehaus modellhaft den Verwaltungssitz für eine pharmazeutische Betriebsstätte vor. Mit einer Abteilung für Lehre und Forschung. Das passt nicht nur, wie sie zu Recht betonen, zum Schwerpunkt Biotechnologie am Senftenberger Sitz der *BTU* und böte die städtisch belebende Aussicht, Marga mit der Universität zu verbinden. Es passt auch zur Umgebung des Industrieparks und würde zu einer Anzahl neuer Arbeitsplätze führen. Einen Nachteil brächte dieser Vorschlag allerdings ebenfalls mit sich: Die nüchternen Werkshallen, die neben und hinter den Kathedralen vorgesehen sind, widersprächen stilistisch den beiden Jugendstil-Juwelen so sehr, dass ihr baulicher Charme darunter zu leiden hätte (Abb. 13 u. 14).

Aus der reichen Ideensammlung der Hamburger sei noch die Ansiedlung einer Gastronomie- und Tourismusschule erwähnt, wahlweise auch die eines Schulungszentrums für Kunst und Kultur. In der Kraftzentrale können sie sich das Abhalten von einschlägigen Kongressen vorstellen. Ebenso Konzerte, um das kulturelle Schulungszentrum zu ergänzen. Das hört sich nicht nur gut an, das könnte nebenbei auch das Problem des fehlenden Restaurants im Industriepark lösen.

Mit diesem Problem hat sich im Sommer 2011 auch eine andere studentische Initiative befasst. Sie kam von der *Technischen Universität Kaiserslautern*, um die Gartenstadt Marga für ein Bachelorprojekt unter die Lupe zu nehmen.

Zwar haben sich die Kaiserslauterner für den fehlenden Restaurantbetrieb die alte Schlachterei an Margas Marktplatz ausgekuckt, doch das muss dem Hamburger Konzept nicht widersprechen. Eine Gartenstadt, die durch die Gründung der *Georg Heinsius von Mayenburg-Grundschule* mit restaurierter Kaiserkrone an Attraktion auch für Touristen gewonnen hat (Abb. 18-19), könnte ruhig zwei Gaststätten vertragen. Um so mehr dann, wenn der Komplex ab 2015 voraussichtlich zu einer Gesamtschule mit gymnasialer Oberstufe erweitert wird.

Voraussetzung dafür wäre jedoch, dass Senftenberg den größten und schönsten Ortsteil, den es nach der Wende hinzugewonnen hat, auch entsprechend vermarktet. Die Anregungen der Bachelor-Studenten zielen genau in diese Richtung. Sie machen das schon von *Werner Riska* beklagte Fehlen einer Verbindung zum See zu ihrem zentralen Thema. Was der Stadt durch den Bau des Hafens so gut gelungen ist, steht in Marga noch aus. Nicht nur, dass man von hier aus nicht ohne weiteres zum See findet, man findet sogar noch schwerer zurück. Das von den Studenten vorgeschlagene Wegesystem will dem abhelfen und scheint vernünftig. Es würde Marga einen großen Dienst erweisen.

Direkt tourismusfördernd, ja spektakulär sind ihre Visionen zur abendlichen Beleuchtung der Torbauten und der beiden hier in Rede stehenden Gebäude (Abb. 20-21) Es ist ein einfaches Mittel mit grandioser Wirkung. Die angestrahlten Bauten beginnen tatsächlich zu strahlen. Nicht nur, dass damit jedem Besucher abends klar wird, wo Margas Herrschaftsbereich anfängt, die Gartenstadt bekommt auch einen prächtigen Akzent. Gleiches gilt natürlich für die Marganer Bauten im engeren Sinne, um die es hier besonders geht: Die beiden Kathedralen werden zu leuchtenden Juwelen. Der Kostenplan, den die Bachelor gleich mitliefern, belegt zudem, dass diese Maßnahmen das Stadtsäckel nicht allzu sehr belasten würden. Welch ein Effekt geht Senftenberg da bis heute verloren!

Im übrigen beschränken sich die Kaiserslauterner auf Anmerkungen zur Steigerung der Außenwirkung. Anregungen von Studenten der Hochschule Lausitz aus den Vorjahren, die sich in der Waschkaue wegen ihrer Kleinteiligkeit die Gründung einer ganzen Serie von Start-ups vorstellen konnten, werden nicht aufgegriffen. Über die dargestellten Vorschläge hinaus lassen die Bachelor in spe nichts verlauten, in der plausiblen Annahme, dass Investoren sowieso ihre eigenen Ideen mitbringen. Damit sie das irgendwann auch tun, geben die Studiosi der LMBV als Eigentümerin grundsätzlich den Rat, die Hafenbraut von vornherein besser instand zu setzen. Das käme außerdem dem Denkmalschutz zugute.

Eine ihrer Ideen in dem Zusammenhang, ebenfalls wieder auf Außenwirkung bedacht, ist ganz bezaubernd: Sie könnten sich vorstellen, dass die Schüler der nahen Schule die zugenagelten Fenster des Badehauses bemalen (Abb. 22) Aus den Bildern ließe sich die erste von den Hamburgern intendierte Kunstausstellung bestreiten, nur dass sie nicht *in* der Kraftzentrale stattfände, sondern *draußen*, am gegenüberliegenden Gebäude. Voraussetzung dafür ist allerdings mehr als ein Haltepunkt, von dem aus die Kunstwerke der Schüler zu bewundern wären. Schon seit Jahren sind die zubetonierten Portalbögen mit prächtigen Frescomalereien der Senftenberger Grafikerin *Gesine Wolf-Berg* versehen. Wegen eines fehlenden Platzes zwischen den beiden Bauten bemerkt man sie nur flüchtig im Vorüberfahren. Hier ließen sich die Vorstellungen der Kaiserslauterner mit denen der Hamburger zur Gestaltung einer Piazza wieder leicht verbinden, und zwar diesmal mit dem Ziel einer entschiedenen Aufwertung des gesamten Gebietes. Das zöge eine nur zu begrüßende Verkehrsberuhigung nach sich. Auch achtlose Autofahrer könnten innehalten, sich an der Schülerausstellung ergötzen und sich nach Befriedigung ihrer Schaulust ins angrenzende Restaurant begeben.

All das fände nicht nur in der näheren Nachbarschaft der bereits dort angesiedelten Betriebe statt – sie würden sich über mehr Leben in ihrem Industriepark nicht beklagen –, sondern auch in der ferneren Nachbarschaft der Kaiserkrone, dem dritten denkmalgeschützten Bau des betreffenden Areals. Das inzwischen von *Hannelore und Wolfgang Joswig* glänzend restaurierte Gebäude beherbergt die schon mehrfach genannte neue Schule, von der die kunstbereiten und nach künstlerischer Betätigung drängenden Schüler kommen sollen. Den beiden Geschäftsführern, *Madlen Schwarz* und *Uwe Schwarz*, dürfte eine Ausstellung der Werke ihrer Schüler nur recht sein, zumal zu ihrer Schulkonzeption die Wertschätzung von Denkmälern und deren effiziente Nachnutzung gehört. Zur Zeit suchen sie für ihre Zöglinge vergeblich nach einer nahen Turnhalle. Die zunächst anvisierte Waschkaue erwies sich inzwischen als zu klein. Doch infolge der räumlichen Nähe der drei denkmalgeschützten Bauten und der schon jetzt zu erkennenden Interessenverflechtung aktueller und potentieller Nutzer könnte sich daraus in Zukunft eine für Marga gedeihliche Kooperation ergeben. Sie dürfte nicht zuletzt den *Ortschronisten Brieskes* zugute kommen. Sie haben sich unter der Leitung *Wolfgang Waches* seit Jahren um den Traditionserhalt verdient gemacht und suchen bislang vergeblich nach einem eigenen Domizil. Die Waschkaue hätte genügend Räume!

Zwei Brautjungfern als gute Feen

Jedes Gebäude, das ungenutzt in der Gegend steht, braucht einen Schutzengel. In unserem Fall brauchen wir zwei. Sie mögen so lange ihre schützenden Hände über Marga halten, bis ein Investor gefunden ist, der die beiden Bauten saniert und ihnen ihre alte Schönheit zurückgibt. Dass sie schon so viele Jahre unter Leerstand zu leiden haben, ist die eigentliche Krux. Sie verfallen, ohne dass jemand von außen eingreifen müsste. Die Zeit verschlingt sie und macht sie am Ende unbrauchbar. Wer weiß, ob das kulturell klamme Brandenburg nicht auch sie demnächst von der Denkmalliste streicht, wenn nicht wenigstens eine Zwischennutzung vorgesehen ist. Die Schutzengel mögen dafür die Patenschaft übernehmen.

Vor Jahren sah ich die beiden, *Michelle* und *Vivien*, auf einem Neujahrsempfang der *Hochschule Lausitz*, die unterdessen mit der *BTU Cottbus* fusionierte. Sie saßen zufällig am selben Tisch und gefielen mir auf Anhieb. Als ich später mein doppeltes Glockenprojekt für Potsdam und Senftenberg entwickelte, dachte ich darüber nach, wie ich Marga wieder frisches Leben einhauchen könnte. Ich gründete zunächst eine „*Gesellschaft zur Inszenierung der Brieskor Kohle-Kathedralen*" mit dem Namen „*Marga Macht Mobil*". Dabei kam mir plötzlich der Neujahrsempfang in den Sinn – und wie von selbst der Gedanke an eine Patenschaft. Umgehend bat ich die beiden, sie zu übernehmen. Zu meinem Glück sagten sie zu.

Ob die zwei Patinnen wirklich Engel sind, entzieht sich meiner Kenntnis. Aber Engel brauchen sie auch nicht zu sein. Gute Feen zu verkörpern, wäre schon genug. Sie brauchen eigentlich nur schön zu tun, damit potentielle Investoren, die in der Broschüre blättern, von ihren Blicken angezogen werden. Anbeißen wäre jedoch untersagt – das sollen die Interessenten nur bei Marga, beim Investieren in die beiden Bauten. Indes: schön zu tun, ist die eine Sache, es ins Bild zu setzen, eine andere. Das will gut inszeniert sein. Mein herzlicher Dank gebührt dem bekannten Senftenberger Fotografen *Steffen Rasche*, der sich ohne Federlesen bereit erklärte, das Shooting – dazu auf eigene Kosten – durchzuführen.

Weitere Brautwerber erwünscht

Da das Glockenprojekt, wie erwähnt, in zwei Städten gleichzeitig stattfindet und ich für das Fortunaportal in Potsdam von Anfang an größere Verpflichtungen eingehen musste, bleibt von meinem ohnehin begrenzten Budget für Senftenberg leider nicht mehr sehr viel übrig. Es reicht nur für das Nötigste: für das Uhrwerk und die zwei Schlaghämmer, welche die beiden vom Theater zurückgekehrten Glocken zum Klingen bringen. *Andreas Thumsch*, der Anlagenbauer aus Dresden-Heidenau, hatte eine über das Allernötigste hinausgehende Ausführung angeboten. Seine Untersuchungen vor Ort ergaben, dass das ganze Zeigerwerk in schlechtem Zustand ist. Eigentlich müsste man es zwecks längerer Haltbarkeit der Gesamtkonstruktion ebenso erneuern wie die Uhr. Auch die fehlenden Zifferblätter hätte er gern gleich mitgeliefert. Tatsächlich sind nur noch wenige vorhanden. Der Zeigerstand lässt sich jedoch auch ohne sie ablesen, wenn auch nur grob.

Zweifellos wäre eine Uhr mit vollzähligen Zifferblättern eine schöne Angelegenheit und ein großer Schritt zur Vollendung des Turms. Doch kleine Schritte bringen auch voran. Damit möglichst viele Liebhaber von Marga in den Genuss kommen, zu Förderern der Wiederinstandsetzung wenigstens der Waschkaue zu werden, veröffentliche ich im Anhang das ursprüngliche Angebot der *Heidenauer Glockenläute- und Elektroanlagen GmbH* mit der Liste der einzelnen Posten und dem Spendenkonto des *Theaterfördervereins*.

Es ist natürlich nicht beabsichtigt, dass eine einzelne Person ganze Posten übernimmt, sondern dass sich vielleicht kleine Sponsoren-Gruppen bilden, die sich eine Sache teilen bzw. dass man von Anfang an kleine Tranchen, sagen wir von 10 Euro, bildet. Jeder Beitrag, sei er noch so gering, ist erwünscht. So oder so: Jeder Spender sollte auf einer Tafel im Gebäude namentlich erwähnt werden. Oberste Bedingung ist es, die Braut so schön zu schmücken wie nur möglich.

Fortuna: Die Glücksgöttin als Werbegag

Über kurz oder lang böte die Aufstellung des eigentlich für das Potsdamer Fortunaportal vorgesehenen Glockenstuhls in der Kraftzentrale eine interessante Perspektive (Abb. 23-24). Noch ist allerdings die endgültige Zeichnung nicht vorhanden, nach der der Glockenstuhl am Ende gefertigt werden soll. Der einzige, der fähig wäre, sie zu machen, der Architekt des von *Günther Jauch* gesponserten Portals, *Bernd Redlich*, ist derzeit vor lauter Überlastung dazu nicht imstande, auf längere Sicht aber nicht abgeneigt, die Aufgabe zu übernehmen.

Warum der Glockenstuhl als Werbemaßnahme für Marga, ja sogar für ihren Hafenbräutigam infrage käme, hat folgende Bewandtnis. Die beiden in der *Kunstgießerei Lauchhammer* gegossenen Klangkörper, die später durch einen dritten ergänzt werden sollten, tragen die Inschrift – und zwar jede für sich – *„Toleranzglocke von Senftenberg"* (Abb. 25). Man hat mir nach dem Verbot des Brandenburger Landtagspräsidenten, sie dort wieder aufzuhängen, wo sie im 18. Jahrhundert hingen – im Galeriegeschoss des Fortunaportals (Abb. 23) –, verschiedentlich vorgeworfen, ich wolle mir damit nur einen eigenen Namen machen. Das hehre Ziel, die Ursprungsgestalt der Pforte wiederherzustellen, sei deshalb eher vorgeschoben. Ganz kann ich mich des Vorwurfs tatsächlich nicht erwehren, da ich in Potsdam nicht unter meinem beurkundeten, sondern unter dem

Botschafter-Namen *Erik von Senftenberg* auftrete. Den habe ich mir allerdings extra für den Potsdamer Part meines Projektes zugelegt, um in der Brandenburger Hauptstadt bei jedem meiner Auftritte der Perle an der Schwarzen Elster zu gedenken. Das geschah zugegebenermaßen eigenmächtig, aber in der erklärten Absicht, mich für die glücklichen Jahre, die ich in Senftenberg verbrachte, erkenntlich zu zeigen und zugleich jedes Mal für die Stadt als Werbeträger aufzutreten.

Man kann gewiss die Tatsache bezweifeln, ich sei ein guter Botschafter. Gedacht war die Inschrift jedoch nicht dazu, um mich selbst, sondern um die Stadt Senftenberg zu verewigen. Mit der Inschrift habe ich indes ausdrücklich weniger den christlichen Charakter, der den Glocken im 18. Jahrhundert anhaftete, kenntlich machen, sondern mehr das politische Moment daran hervorheben wollen: Dass sie nämlich an den Toleranzgedanken appellieren, der vom *Großen Kurfürsten* ausging, als er 1685 im Stadtschloss das *Potsdamer Edikt* verkündete. Zwar galt das Edikt damals vorwiegend den aus Frankreich vertriebenen Glaubensflüchtlingen, heute jedoch gilt es allen Flüchtlingen, nicht nur den aus religiösen Gründen vertriebenen.

Zu meinem großen Bedauern konnte sich der Brandenburger Landtag dieser Argumentation, die ich in einer eigens für das Glockengeschenk verfassten Broschüre *Die Toleranzglocken* ausgebreitet hatte (Abb. 26), nicht anschließen. Er blieb bei seiner ablehnenden Haltung bis heute. Ob der im September 2014 zu wählende neue Landtag die Frage der Aufhängung anders beurteilt, ist schwer einzuschätzen, aber nach Lage der Dinge kaum zu erwarten. Vor diesem Hintergrund wird eine Aufstellung des Glockenstuhls in der Marganer Kraftzentrale um so interessanter. Wenn man in Potsdam nicht für Toleranz aus Senftenberg werben darf, dann eben in Senftenberg. Aber immer mit dem Zusatz, dass Potsdam den von Senftenberg zwar gern übernommenen, aber ursprünglich vom kurfürstlichen Potsdam ausgehenden Toleranzgedanken achtlos verschmäht. So könnte man dem Landtag fröhlich auf die Nerven gehen und ihm den abgelehnten Toleranzgedanken immer wieder in Erinnerung rufen.

Ein nicht zu unterschätzender Nebeneffekt läge darin, dass nicht nur die Glocken des Badehauses, sondern auch die Toleranzglocken von der gegenüberliegenden Kraftzentrale zu hören wären. Die *Piazza di Dresda* würde von beiden Seiten beschallt, und bei jedem Läuten müssten die Potsdamer Landtagsabgeordneten es läuten hören, dass sie Toleranz zu üben hätten – und sei es nur die, es zu dulden, dass das Geläut wieder ins Galeriegeschoss der „Königspforte", wie sie früher hieß, zurückkehrt. *Fortuna*, die Glücksgöttin auf der Kuppel des nach ihr benannten Portals, unter deren Füßen ursprünglich jene Glocken erklangen, würde den Senftenbergern dazu verhelfen, endlich einmal im neu erbauten Potsdamer Landtagsschloss erhört zu werden.

LMBV und Neue Bühne als weisse Ritter

Eine ganz andere Aussicht ergäbe sich, wenn sich die LMBV von der guten Geste des Senftenberger Theaters anstecken ließe und den Neuanfang in Marga nun ihrerseits durch Gesten weitergehender Instandsetzung ergänzte. Dann könnten die einzelnen Vorschläge nach und nach realisiert werden. Von großartiger Wirkung wäre eine Investition in die Kraftzentrale, die der *Neuen Bühne* tatsächlich erlaubte, den Raum für eigene Inszenierungen zu nutzen. Es müsste ja nicht gleich ein ganzes Amphitheater eingebaut werden. Weniger wäre vielleicht mehr, aber unabdingbar wäre so oder so eine Sanierung des Bodens und der Decke. Mit anderen Worten, die LMBV müsste Beträge in die Hand nehmen, die weit über das hinausgingen, was sie bisher aus guten Gründen zu investieren bereit war.

Zu diesen guten Gründen zählte bislang immer der, dass in den beiden Bauten nichts passierte oder, dass, wenn etwas passieren sollte, es der LMBV zu aufwendig erschien. Mit der Wiedereröffnung der Waschkaue, mit der Einweihung der neuen Uhr und der beiden zurückgekehrten Glocken könnte jedoch ein neuer Geist in die Gebäude einziehen. Vielleicht bekäme der neue Intendant der *Neuen Bühne* Lust, die Kraftzentrale als Nebenbühne für experimentelles Theater zu benutzen. Vielleicht wäre sogar Raum für die Vision eines Festspielhauses, das analog zu dem der Gartenstadt Hellerau betrieben werden könnte. Indes, nicht Hellerau, Marga war die erste deutsche Gartenstadt. Ihr gebührte eigentlich die Krone, die ihr die sächsische Konkurrenz streitig gemacht hat. Holen wir sie zurück und krönen wir die Kathedrale! – Damit Marga, die Braut, noch schöner wird als sie schon ist und Senftenberg mit seinem mediterranen Hafen sie nicht länger verschmähen muss.

DIE STUDENTISCHEN MARGA-PROJEKTE

Kritzmann, Bernd und Studenten der HafenCity Universität Hamburg: Entwürfe zu Waschkaue und Kraftzentrale, Hamburg-Senftenberg 2006

Schmidt, Holger/Fischer, Thomas und Studenten der Technischen Universität Kaiserslautern: Endbericht zum Bachelorprojekt Gartenstadt Marga, Sommer 2011

LISTE DER NUTZUNGSIDEEN

Zum Badehaus:
- Bergbau- und Gartenstadt-Museum (*Werner Riska* = *W.R.*)
- Kunstgalerie (*W.R.*)
- Übungs- u. Wettkampfstätte für Sport u. Kultur (*W.R.*)
- Seniorenheim (*Helmut Schuster*)
- Kletterwände mit Büros und Gastro-Kombüsen (*Jörg Schaaf*)
- Kurklinik (*Hamburger Studenten* = *H.S.*)
- Verwaltungssitz für eine pharmazeutische Betriebsstätte mit einer Abteilung für Lehre u. Forschung (*H.S.*)
- Gastronomie- u. Tourismus-Schule (*H.S.*)
- Schulungszentrum für Kunst u. Kultur (*H.S.*)
- Gründungen von Start-ups (*Studenten der früheren HSL*)
- Bilderausstellung an den geschlossenen Fenstern (*Kaiserslauterner Studenten*)

Zur Kraftzentrale:
- Kongresszentrum (*H.S.*)
- Konzerte als Ergänzung zum kulturellen Schulungszentrum (*H.S.*)
- Vision eines Festspielhauses analog zu dem in Hellerau (*E.v.S.*)

Zu beiden Gebäuden:
- Eine italienische Piazza zwischen ihnen (*H.S.*)
- Künstliche Beleuchtung von außen (*Kaiserslauterner Studenten*)

AUS DER ANGEBOTSLISTE / A. THUMSCH

4 Stück Kontergewichte für Motorzeigertriebwerke à 125,- € als elektrischer Einzelantrieb, um bei Zifferblattdurchmesser größer 2 Meter das Zeigergewicht auszugleichen.

4 Stück Neufertigung der 13 Zifferblattsegmente für à 795,- €, ein Zifferblatt mit ca. 2,1 m Durchmesser aus Acrylglas, opal 8 mm Stärke. Die Gestaltung ist an die Vorlage angelehnt und der Rahmen bleibt erhalten.

4 Stück Vorhandenen Stahlrahmen entrosten à 390,- €, rostschutzsanieren und neue Halteblättchen zur Befestigung der Segmente herstellen

4 Stück Neufertigung eines Zeigerpaares à 335,- €, nach alter Vorlage und in der Größe passend zum vorbeschriebenen Zifferblatt. Material: Aluminium incl. Verstärkung und Lackierung.

SPENDENKONTO

Fördervereinskonto der Neuen Bühne Senftenberg
Deutsche Bank
BLZ. 120 700 24
Kto. 547 76 66